고구려·백제·신라가 있던 삼국 시대 초기에
가장 강한 나라는 고구려였습니다.
하지만 고구려가 처음부터 강대국은 아니었습니다.
오랑캐를 몰아내 땅을 넓히고 백성들의 살림을 잘 보살핀
왕이 있어 강한 나라가 된 것입니다.
고구려 발전의 밑바탕을 만든 왕, 바로 미천왕입니다.

글 _ 최향숙
대학에서 문헌정보학을 공부하고, 아이들을 위한 책을 기획하며 썼습니다. 지금은 우리나라의 역사와 문화에 관심이 깊은 여러 작가들과 함께 '현무와 주작' 이라는 팀을 꾸려 활동하고 있습니다.
지은 책으로는 《삼국 왕조 천 년》《중국을 물리친 고구려 성》《대륙을 호령한 발해》《조선 왕조 500년》 등의 역사책과 《겁쟁이 공룡 티라노사우루스》《사자똥이 뿌직》 등의 그림책이 있습니다.

그림 _ 임양
서울에서 태어났지만 어린 시절을 농촌에서 보냈으며 추계예술대학교 동양화과를 졸업했습니다. 지금은 산으로 둘러싸인 여주에서 어린이 그림책을 그리며 전통 문화 활동에 참여하고 있습니다. 그린 책으로는 《꿈을 그린 화공》《삼국지》《깡패 진희》《대장금》《유림의 맹자》《세시풍속》 등이 있습니다. 이 책에서는 미천왕의 강한 삶을 표현하기 위해 색감에 중점을 두었으며, 먹과 스크래치를 이용해 독특한 기법을 보여 주고자 했습니다

감수 _ 김영심
서울대학교 국사학과를 졸업하고, 같은 학교 대학원에서 한국 고대사를 전공하여 박사 학위를 받았습니다. 한국학중앙연구원, 서울대 규장각을 거쳐 지금은 가톨릭대학교 교양교육원 교수로 있습니다. 지은 책으로는 《한강에서 일어난 백제》《백제의 지방통치》(공저)《고대 동아세아와 백제》(공저) 등이 있습니다.

소금 장수에서 임금이 된
미천왕

원작 김부식 | 글 최향숙 | 그림 임양

예원미디어

고구려 미천왕의 이름은 을불입니다.
을불은 봉상왕의 조카였어요.
그런데 봉상왕은 나라를 잘 다스리지 못했고,
의심도 아주 많았습니다.
"내 자리를 노리는 자는 가만두지 않을 것이다!"
봉상왕은 작은아버지인 달가 장군을 죽였습니다.
백성들의 존경을 받는 달가 장군에게
왕위를 빼앗길까 겁났거든요.
봉상왕은 자신의 동생인 돌고도 의심했습니다.
"네가 감히 내 자리를 탐내는 게냐!"
결국 을불의 아버지 돌고는 스스로 목숨을 끊었습니다.

을불은 궁에서 도망쳤습니다.
봉상왕이 을불도 해치려고 했으니까요.
을불은 달리고 또 달렸습니다.

어디에선가 아버지의 목소리가 들리는 듯했습니다.
'너는 고구려 왕의 후예이다. 나라와 백성을 잊지 말아라!'
을불은 어금니를 꽉 깨물고, 두 주먹을 꼭 쥐었습니다.

을불은 음모라는 사람의 집에서 머슴살이를 했습니다.
농사지을 땅이 없는 가난한 백성들은 을불처럼
귀족이나 부잣집의 머슴 노릇을 하곤 했지요.
그렇지 않으면 굶어 죽을 수도 있었기 때문입니다.
그런데 음모는 심보가 몹시 고약해 을불을 심하게 부렸습니다.
해가 뜨면 땔감을 구해 오라면서 산과 들로 을불을 내몰았어요.
달이 뜨면 연못가에 앉아서 개구리를 쫓으라고 성화였지요.
개굴개굴 소리에 신경이 쓰여 도통 잠을 잘 수가 없다면서요.
'백성으로 산다는 것이 이토록 고달픈 일이었다니!'
을불은 이를 악물고 버텨 봤지만, 도저히 견딜 수가 없었습니다.

을불은 1년 만에 머슴을 그만두었습니다.
대신 소금 장사를 시작했어요.
소금을 가지고 이 마을 저 마을을 돌아다녔지요.
'소금을 사고팔며 세상을 둘러봐야지.
그러면 언젠가는 내 갈 길이 보일 거야.'

을불은 압록강을 오르내리며 소금을 팔았습니다.
그러던 어느 날, 압록강 동쪽에 있는 사수 마을에 닿아
한 노파의 집에 머물렀어요.
"방세로 소금 한 말만 내게."
그런데 을불이 떠나기 전날, 노파는 말을 바꿨습니다.
"소금 한 말로는 방세가 적어. 한 말은 더 내놓고 가야겠어."
을불은 고개를 저었습니다.
"할머니, 그건 약속과 다릅니다. 한 말이면 충분해요."
욕심 많은 노파는 작은 눈을 독사처럼 번뜩였어요.
'떠돌이 주제에 감히……'

노파는 을불의 소금 가마니에 신을 몰래 숨겨 놓고서,
을불이 길을 나서자마자 동네방네 소리쳤어요.
"소금 장수가 내 신을 훔쳐 갔다오!"
을불은 깜짝 놀라 소리쳤어요.
"신을 훔치다니요! 아닙니다!"
하지만 아무도 떠돌이 소금 장수의 말을 믿지 않았고,
노파는 소금 가마니에서 신을 찾아냈답니다.
"이래도 발뺌을 할 셈이야?"
을불은 꼼짝없이 도둑으로 몰렸습니다.
마을의 관리는 을불의 소금을 빼앗았어요.
"신 값으로 저놈의 소금을 노파에게 주어라!"
또 도둑질한 죄로 볼기까지 때린 뒤 쫓아냈어요.

을불은 너무나도 막막했습니다.
'이제는 어디로 가야 하나, 뭘 해서 어떻게 살아야 하나,
오늘 밤은 어디서 지내야 하나…….'
생각이 꼬리를 물며 머릿속을 빙글빙글 맴돌았어요.
눈앞이 핑 돌더니 눈물이 뺨을 타고 흘러내렸습니다.
왕족의 신분도 나라도, 백성도 모두 포기하고만 싶었습니다.
그때 두 사람이 을불에게 다가왔습니다.

"을불 왕자님!"

을불은 화들짝 놀랐습니다.
'큰아버님이 보낸 사람일까?'
을불은 얼른 우습다는 듯 껄껄대며 웃었습니다.
"비렁뱅이 왕자를 찾으십니까?"
을불의 마음을 읽은 듯, 한 사람이 말했습니다.
"국상*께서 왕자님을 찾으십니다."
'국상이라면 창조리가? 창조리를 믿을 수 있을까?'
그때 다른 사람이 말을 이었습니다.
"국상께서는 어지러운 이 나라를 바로잡고자 하십니다.
저희는 왕자님이 좋은 왕이 되실 거라 생각합니다.
여러 신하들이 간절히 원하니 저희를 믿고 함께 가 주십시오."
그러나 을불은 불안한 마음이 들었어요.

한참 동안 을불은 먼 하늘을 바라보았어요.
지난날이 머릿속을 스치며 지나갔지요.

***국상** _ 고구려에서 가장 높은 벼슬.

을불을 본 창조리는 날듯이 달려와
큰 죄를 지은 사람처럼 을불 앞에 엎드렸어요.
"이제야 모신 것을 용서하소서!"
을불은 얼른 창조리를 일으켰습니다.
"국상, 이러지 마십시오."
을불의 목소리엔 어느새 왕자의 위엄이 서려 있었어요.
창조리가 입을 열었습니다.
"왕자님, 고구려에는 새 주인이 필요합니다.
백성들을 사랑하고 나라를 지킬,
어질고 당당한 왕이 필요합니다.
그것만이 굶주림에 지친 백성들과
어지러운 나라를 구하는 길입니다."

창조리는 눈시울을 적시며 말을 이었습니다.
"해마다 거듭되는 흉년 때문에 백성들이 굶어 죽어 갑니다.
그런데도 지금의 왕께서는 궁궐을 화려하게 짓기 위해서
어린아이, 노인 가릴 것 없이 백성들을 노예처럼 부리십니다.
이를 말리는 신하에겐 '백성을 위해 죽겠느냐?'며 호통이십니다.
백성들은 굶주림과 일에 지쳐 고구려를 떠나고 있습니다.
고구려를 노리는 오랑캐에게 이보다 더 좋은 기회가 어딨겠습니까!
왕자님께서 어지러운 나라를 바로잡아 주십시오."
을불은 입을 굳게 다문 채 고개를 끄덕였어요.

을불은 창조리가 마련한 집에 머물며 때를 기다렸습니다.

봉상왕이 모든 신하를 거느리고서 사냥 가는 날이었어요.

창조리는 봉상왕이 사냥하는 틈을 타, 신하들에게 말했습니다.

"나와 뜻을 함께할 사람은 나를 따라 하시오!"

창조리는 갈댓잎을 꺾어 모자에 꽂았습니다.

그러자 모든 신하가 창조리를 그대로 따라 했어요.

창조리는 봉상왕을 잡아 가둔 뒤, 을불에게 옥새*를 바쳤습니다.

뒷날 사람들은 을불을 '미천왕'이라고 불렀습니다.

＊옥새 _ 나라를 대표하는 왕의 도장.

미천왕은 창조리와 함께 백성을 돌보는 데 힘을 기울였어요.
"고구려는 오랑캐에게 둘러싸여 있소.
이들이 손을 잡고 있는 한 고구려는 편할 날이 없을 것이오!
나는 오랑캐를 몰아내고 백성들이 넓은 땅에서
마음 편히 농사짓도록 할 것이오!"
미천왕이 다스리는 고구려는 점차 안정을 되찾아 갔습니다.

그즈음, 중국 진나라에서 큰 난리가 일어났습니다.
왕 자리를 놓고 다툼이 일어나
여러 나라로 갈라져 싸우기 시작한 것입니다.
이를 안 미천왕은 무릎을 쳤습니다.
"현도를 쳐 우리의 옛 땅을 되찾자!"
현도 땅은 미천왕이 태어나기 아주 오래 전,
우리 조상들의 영토였어요.
그러나 중국에서 빼앗아 제 나라로 삼았답니다.
미천왕은 현도 싸움에서 큰 승리를 거두어
8천 명이나 되는 포로를 잡아 왔어요.

미천왕은 남쪽으로도 눈을 돌렸습니다.
미천왕은 우선 서안평을 공격했어요.
서안평은 바다로 나가는 항구인 데다,
현도와 낙랑, 대방 사람들이 오가는 길목이었죠.
"서안평을 점령하면 오랑캐들의 힘을 꺾을 수 있다!
또 바다로 나아가 무역을 해서 부강한 나라가 될 수 있다!"
서안평을 점령한 미천왕은 곧바로
낙랑과 대방을 공격했습니다.
"낙랑과 대방 땅은 농사가 잘돼,
나라 살림에 큰 보탬이 될 것이오."
결국 낙랑과 대방도 차례로 무릎을 꿇었습니다.

백성들은 만세를 불렀습니다.
"고구려 만세!"
백성들은 미천왕을 우러러보았습니다.
"대왕 마마 만세!"

개구리를 쫓던 머슴 을불,
도둑으로 몰렸던 소금 장수 을불은
백성들의 사랑과 존경을 받으며
32년 동안 고구려를 다스렸습니다.
그리고 숨을 거둔 뒤,
미천* 언덕에 잠들었습니다.

*미천 _ 아름다운 강이라는 뜻으로, 어디인지 정확하게는 알 수 없다.

고구려 신문

올해(330년)는 고구려 15대 미천왕께서 왕위에 오른 지 꼭 30년이 되는 해이다. 온 나라가 이를 크게 축하하고, 대왕의 위대한 업적을 널리 알리기 위해 '대왕 등극 30주년 특집호'를 마련하였다.

대왕 등극 30주년 특집
– 고구려 백성들이 '대왕의 팬'인 까닭은?

고구려 백성 10명 가운데 8명이 '대왕의 팬'인 것으로 나타났다. 〈고구려 신문〉이 백성들에게 "대왕을 좋아하느냐?"라는 주제로 설문 조사를 했다. 그 결과 설문 조사에 참여한 5632명 가운데 4489명이 "대왕을 무척 좋아한다."고 대답했다. 이는 고구려 왕 중에서 대단한 지지율을 보인 것이다. 대왕을 좋아하는 이유로는 '고조선의 옛 땅에서 중국 세력을 쫓아냄'이 1위를 차지했다.

단군이 세운 고조선의 옛 땅에서 낙랑, 대방을 쫓아냄

대왕은 서안평을 점령하고, 낙랑과 대방을 차례로 무릎 꿇렸다. 313년에는 낙랑, 314년에는 대방, 315년에는 현도를 몰아냄으로써 한반도에서 중국 세력을 완전히 뿌리 뽑은 것이다. 고구려가 낙랑과 대방을 점령하자 국경을 맞대게 된 백제가 바짝 긴장하게 되었다. 이에 대해 고구려의 한 장수는 "앞으로 고구려는 백제와 끊임없이 전쟁을 벌이게 될 것"이라고 예측했다.

고조선의 옛 땅에서 낙랑과 대방을 쫓아냄	2013명
바닷길을 열어 교역을 함	1398명
어려운 백성들의 삶을 잘 돌봄	1078명

◀ 대왕이 즉위하던 때에는 고구려 북쪽과 남쪽에 중국 한나라가 남겨 둔 세력이 있었다. 이 세력은 한나라가 멸망한 뒤에도 옛 고조선 땅에 남아 고구려를 위협했다.

바닷길을 열어 백성들의 살림살이를 좋아지게 함

311년, 대왕은 서안평을 점령했다. 서안평은 한반도와 요동 지방, 황해가 만나는 길목으로서 고구려는 이때부터 바닷길을 장악하게 되었다. 바닷길을 통해 전쟁을 하고 장사를 해서 나라의 발전을 꾀할 수 있게 된 것이다. 특히 서안평 점령은 고구려 장사꾼들에게 큰 영향을 미쳤다. 바닷길을 통해 무역을 하면 중국에 오가는 시간을 절약할 수 있어 더 큰 이익을 남기게 된 것이다.

백성들의 어려운 삶을 잘 돌봄

왕자들은 멋진 궁궐에서 시녀들의 시중을 받고 훌륭한 스승과 공부하면서, 아무 걱정 없이 자란다고 생각하기 쉽다. 하지만 대왕은 머슴살이에, 소금 장수까지 했을 정도로 어려움을 겪었다. 그래서인지 백성이 원하는 것을 먼저 알아서 해결해 주었다. 백성의 어려움을 살펴 주는 배려가 인기 비결인 것이다. ❖

【 인터뷰 】 ## 을불, 그를 말한다

함께 소금 장사를 한 재모

장사치들은 하루에도 수십, 수백 명을 상대해요. 그래서 척 보면 저 사람이 나쁜 사람인지, 좋은 사람인지 알지요. 대왕을 처음 봤을 때, '저 사람은 참 신중하고 진실할 것 같다.'는 생각이 들었어요. 그래서 함께 소금 장사를 하자고 한 거예요.

머슴살이를 시킨 부자 음모

말하는 투가 좀 배운 사람 같고 생김새가 훤하기는 했지만, 을불이 왕자일 거라고는 상상도 못했어요. 왕자인 줄 알았다면 일도 조금만 시키고 잘해 주었을 텐데. 그래도 내 덕에 백성들이 어떻게 사는지도 알게 되고, 배도 곯지 않았으니 나에게 고마워해야죠.

【 대왕의 최근 동향 】

대왕은 고구려의 시조인 동명 성왕릉에 가서 제사를 지내고 돌아오던 길에 가난한 백성들을 찾아가 위로했다. 특히 늙고 병든 백성들에게 곡식을 나누어 주며, 용기를 잃지 말라고 당부했다.

【 이웃 나라 소식 】

백제 비류왕은 벽골제라는 커다란 저수지를 만들었다. 벽골제는 벼농사에 필요한 물을 가두어 두었다가 농번기에 물 걱정 없이 농사를 짓는 데 매우 쓸모가 있었다.

■ 새 책 소개

대왕 등극 30주년을 맞아 국상 창조리의 《회고록》 발간

창조리는 《회고록》에서 "모든 신하와 백성들이 봉상왕의 폭정을 견딜 수 없는 상태"였다고 당시를 회상하며 "고구려에는 새로운 지도자가 필요했고, 대왕이 바로 그러한 지도자였다."고 강조했다. 그는 대왕에 대해서 "누구보다도 백성들의 마음을 잘 아는 왕"으로 평가하며, "그것은 아마도 대왕이 봉상왕을 피해 다니던 시절, 백성들의 생활을 잘 파악했기 때문일 것이다."라고 덧붙였다.

• 창조리는 봉상왕을 몰아내고 대왕을 새로운 왕으로 모신 당시의 국상이다.

떠돌이 을불과 고구려 사람들

을불은 왕이 되기 전 떠돌이 생활을 하며 백성들 틈에서 살았어요. 그 시절 을불의 모습을 보면, 200년대 말 고구려의 백성들이 어떻게 살았는지 알 수 있어요.

부유한 농민, 가난한 농민

쇠로 만든 농기구가 널리 퍼지자, 농사를 지어 재산을 늘린 사람들이 많아졌어요. 음모처럼 직접 농사를 짓지 않고 머슴을 부리며 사는 사람이 있는가 하면, 농사지을 땅조차 없어 을불처럼 남의 집 일을 하는 사람도 있었어요. 또 아예 몸을 팔아 남의 집 종이 되기도 하였고요. 쇠로 만든 농기구와 소를 가진 사람들은 땅을 넓혀 점점 부자가 되었고, 소나 농기구가 없는 사람들은 땅을 잃고 점점 가난해졌어요.

시장이 시끌벅적!

물건을 사고파는 일도 활발했어요. 모여서 물건을 사고팔 수 있는 시장과 이 일을 도맡아 하는 상인이 생겨났고, 여기저기 옮겨 다니며 물건을 파는 상인도 있었어요. 을불은 바닷가 마을에서 소금을 가져와 압록강 주변 마을에 팔고, 그 대가로 곡식이나 베를 받아 다시 바닷가 마을에 팔았을 거예요.

쟁기를 소에 매어 밭을 갈면, 힘 안 들이고 땅을 깊게 갈 수 있지. 뿌리가 튼튼히 내려 곡식이 잘된다네. **올 농사도 대박일세!**

죄를 지으면 벌로 다스리기

죄를 지은 사람은 엄하게 다스렸어요. 법이 아주 엄했기 때문에 고구려 사람들은 길바닥에 하찮은 물건이 떨어져 있어도 줍지 않았다그 해요. 나라와 왕실을 위험에 빠뜨린 죄를 가장 엄한 형벌로 다스렸고 소와 말은 물건을 나를 뿐만 아니라 전쟁에도 쓰였기 때문에 매우 귀하게 여겨졌어요. 도둑질한 죄를 뒤집어쓴 을불도 법에 따라 벌을 받았어요.

무서운 고구려의 법
- 도둑질을 하면 훔친 물건의 10배를 갚는다.
- 빚을 갚지 못하면 자식을 노비로 삼는다.
- 소나 말을 죽이면 노비로 삼는다.
- 사람을 죽이면 사형에 처한다.
- 적에게 항복하거나 싸움에 지면 사형에 처한다.
- 나라와 왕실을 바반하면 불로 지진 뒤 목을 베고, 가족은 노비 삼고, 재산을 빼앗는다.

박물관 나들이

안악 3호분을 통해 본 고구려의 모습

미천왕이 묻힌 미천 들판이 어디인지는 알 수 없어요. 미천왕의 무덤은 통구 강 건너에 있는 '서대묘'라고도 하고, 황해도의 '안악 3호 무덤'이라고도 전해져요. 안악 3호 무덤의 주인이 누구인지는 알 수 없지만 벽화를 통해 고구려 사람의 삶과 문화를 알 수 있어요.

안악 3호분 내부 조감도

널길방, 앞방, 회랑, 널방으로 이루어진 여러방무덤이에요. 일상 생활과 관련된 벽화가 많아요.

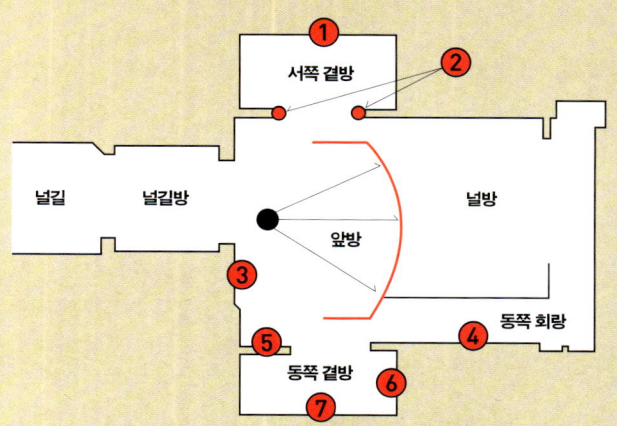

❷ 양쪽의 문지기

❶ 나랏일을 보는 남자 주인 왕처럼 '백라관'이라는 모자를 쓰고 있어요.

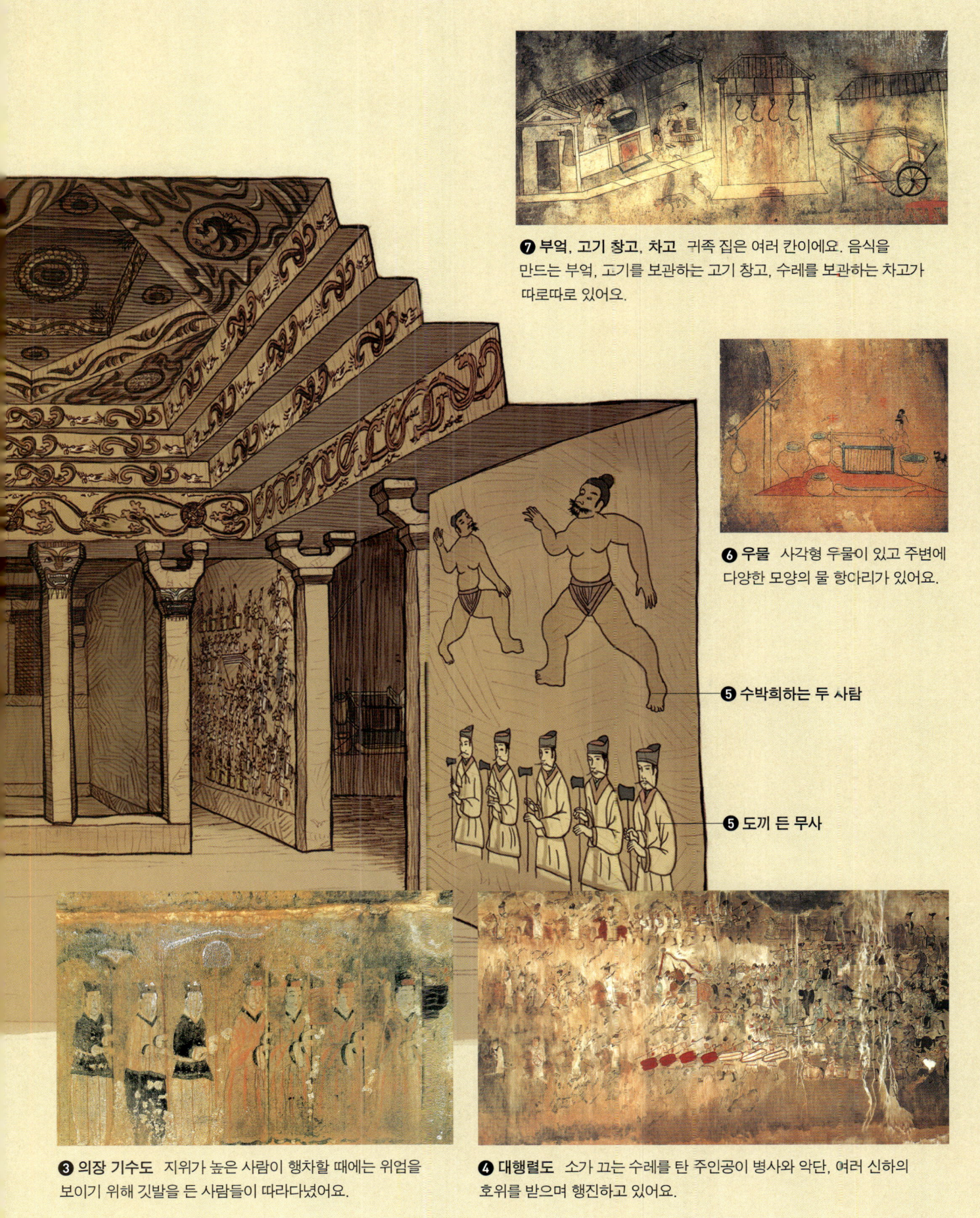

❼ **부엌, 고기 창고, 차고** 귀족 집은 여러 칸이에요. 음식을 만드는 부엌, 고기를 보관하는 고기 창고, 수레를 보관하는 차고가 따로따로 있어요.

❻ **우물** 사각형 우물이 있고 주변에 다양한 모양의 물 항아리가 있어요.

❺ **수박희하는 두 사람**

❺ **도끼 든 무사**

❸ **의장 기수도** 지위가 높은 사람이 행차할 때에는 위엄을 보이기 위해 깃발을 든 사람들이 따라다녔어요.

❹ **대행렬도** 소가 끄는 수레를 탄 주인공이 병사와 악단, 여러 신하의 호위를 받으며 행진하고 있어요.

● 부록

인물과 함께 글 최향숙 | 그림 최서영
시대를 알고 글 이흔 | 그림 최서영
박물관 나들이 글 이흔 | 그림 김남진

● 사진 출처 및 제공처

인트로 토픽포토
시대를 알고 쌍영총 귀족 남자 _《조선유적유물도감》
박물관 나들이 고구려 귀족 집 시녀, 안악3호분 벽화의 남자 주인, 안악3호분 벽화의 의장 기수도 _《조선유적유물도감》| 안악3호분 벽화의 대행렬도, 안악3호분 벽화의 우물, 안악3호분 벽화의 부엌과 차고 _ (주)사계절출판사

※ 이 책에 사용한 모든 자료의 출처를 밝히기 위해 최선을 다했습니다. 빠지거나 잘못된 점을 알려 주시면 바로잡겠습니다.

● 일러두기

· 맞춤법, 띄어쓰기는 국립국어연구원에서 펴낸 〈표준국어대사전〉을 기준으로 삼았습니다.
· 외국 인명, 지명은 국립국어연구원에서 펴낸 〈외래어 표기 용례집〉을 따랐습니다.
  단, 중국 지명은 현지음에 따랐습니다.
· 역사 용어는 교육인적자원부에서 펴낸 〈교과서 편수자료〉에 따르되, 어려운 용어는 쉽게 풀어 썼습니다.
· 옛 지명은 ( ) 안에 현재 지명을 함께 적었습니다.
· 연도나 월은 1895년 태양력 사용을 기점으로 이전은 음력으로, 이후는 양력으로 표기했습니다.

탄탄 뿌리깊은 삼국사기 소금 장수에서 임금이 된 미천왕

펴낸이 김동휘 | **펴낸곳** 여원미디어(주) | **고객상담실** 080-523-4077
주소 경기도 파주시 회동길 130(문발동) 탄탄스토리하우스
출판등록 제406-2009-0000032호 | **홈페이지** www.tantani.com
글 최향숙 | **그림** 임양 | **감수** 김영심 | **기획** 아우라, 이상임 | **총괄책임** 김수현
편집장 이정희 | **기획 편집** 조승현, 이혜영 | **디자인기획** 여는 | **본문 디자인** 여는
표지 · 부록 디자인 퍼블릭디자인 섬 | **사진진행** 시몽 포토에이전시
제작책임 정원성

판매처 한국가드너(주) | **마케팅** 김미영, 오영남, 전은정, 김명희, 이정희

ⓒ여원미디어 2008 ISBN 978-89-6168-182-7 ISBN 978-89-6168-209-1(세트)

이 책은 저작권법에 따라 보호되는 저작물이므로, 무단으로 이 책의 전부 또는 일부를 복사, 복제, 배포하거나 전산장치에 저장할 수 없습니다.
⚠ 주의 1. 책 모서리가 날카로워 다칠 수 있으니 사람을 향해 던지거나 떨어뜨리지 마십시오.
     2. 보관 시 직사광선이나 습기 찬 곳은 피해 주십시오.

《삼국사기》 권제17 고구려 본기 제5 미천왕 편의 원전이다.